VENTE A PARIS
Le Samedi 5 Décembre 1903

Collection

D'ANTIQUITÉS ÉGYPTIENNES, GRECQUES

ET ROMAINES

Mᵐᵉ Raymond SERRURE
19, RUE DES PETITS-CHAMPS, 19
PARIS (1ᵉʳ)

COLLECTION
D'ANTIQUITÉS GRECQUES & ROMAINES

PROVENANT

d'Egypte, d'Italie, de Grèce, d'Asie-Mineure

et des fouilles d'Adrumète (Tunisie)

VENTE AUX ENCHÈRES PUBLIQUES

A PARIS, HOTEL DES COMMISSAIRES-PRISEURS, RUE DROUOT, 9

SALLE N° 8, AU PREMIER ÉTAGE

Le Samedi 5 Décembre 1903

A DEUX HEURES PRÉCISES

EXPOSITION PUBLIQUE UNE HEURE AVANT LA VENTE

COMMISSAIRE PRISEUR:	EXPERT:
M° Maurice DELESTRE	Mme Raymond SERRURE
5, rue Saint-Georges	19, rue des Petits-Champs

PARIS

CONDITIONS DE LA VENTE

La vente aura lieu au comptant.
Les acquéreurs paieront *dix pour cent* en sus des enchères.
L'exposition mettant les acheteurs à même de juger de l'état des objets catalogués, aucune réclamation ne sera admise aussitôt l'adjudication prononcée, sauf le cas d'erreur matérielle.
Mme Raymond SERRURE se charge, aux conditions habituelles (5 o/o sur la limite), des commissions qu'on voudra bien lui confier.
L'ordre du catalogue sera suivi ou non, au gré de l'expert, qui se réserve, en outre, le droit de réunir ou de diviser les lots.
Les objets sont visibles chez Mme Raymond SERRURE.

ANTIQUITÉS ÉGYPTIENNES

1 Figurine funéraire, coiffée d'une perruque, les bras croisés sur la poitrine, le pouce de chaque main relevé; inscription hiéroglyphique peinte en noir sur le tablier.
>Calcaire. Traces de peinture bleue et rouge. Haut. : 250^m_m (1).

2 Grande figurine funéraire, finement exécutée; une inscription hiéroglyphique en huit lignes couvre le tablier.
>Porcelaine; émail vert. Haut. : 185^m_m.

3 Trois figurines funéraires, sur socle chêne.
>Porcelaine; émail vert. Haut. : 135, 115. 100^m_m.

4 Une autre, plus petite, les hiéroglyphes peints en noir.
>Email bleu. Socle marbre. Haut. : 60^m_m.

5 Figurine funéraire; les yeux, les attributs et les hiéroglyphes sont peints en noir.
>Porcelaine; émail bleu. Pièce rare, de très bonne conservation Haut. 155^m_m.

6 Figurine de femme assise, les mains sur les genoux; elle est coiffée d'un serre-tête et porte la perruque; hiéroglyphes au revers et sur le tablier.
>Pierre tendre; couverte brun clair. Haut. 60^m_m.

7 RA (ou PHRÉ), marchant, les bras le long du corps; il porte la perruque et est coiffé du disque à l'uraeus.
>Porcelaine; émail vert. Jolie pièce. Haut. : 58^m_m.

(1) La hauteur indiquée ne comporte pas celle du socle.

8 ANUBIS, dans l'attitude de la marche, les bras le long du corps ; il porte la perruque et la *shenti*.
>Porcelaine; émail vert clair. Jolie pièce. Haut. : 55^m_m.

9 ISIS assise, allaitant Horus ; la déesse est coiffée de l'uraeus et des deux cornes.
>Terre; émail vert clair. Haut. : 30^m_m. Socle bois.

10 APET (ou THOUÉRIS), debout, s'appuyant sur le *tat* et coiffée des deux plumes droites avec le disque et les cornes.
>Terre ; émail blanc. Haut. : 50^m_m. Socle bois.

11 Figurine représentant un Pharaon agenouillé, faisant le geste de l'adoration.
>Faïence; émail vert. Haut. : 45^m_m.

12 Petit groupe formé de la triade thébaine : Ammon, Maut, Khons.
>Porcelaine bleue. Haut. 40^m_m.

13 Tête ayant probablement appartenu à une statue de personnage civil; figure souriante et expressive. portant la perruque.
>Style saïte. Marbre jaune de Sienne. Haut. : 80^m_m. Socle bois. V. pl. II.

14 Tête d'une statuette représentant un roi étranger, peut-être un Asiatique.
>Porcelaine; émail vert. Haut. : 75^m_m. Socle bois. Pièce curieuse. V. pl. I.

15 Fragment représentant une tête de *nageuse*, à perruque noire. frisée.
>Porcelaine; émail vert clair. Haut. : 35^m_m.

16 Tête de personnage civil, coiffé d'un bonnet conique; le revers est sculpté en cynocéphale.
>Faïence mouchetée. Haut. : 65^m_m. Socle bois. Pièce rare et curieuse.

17 Isis allaitant Horus et portant sur ses épaules un cynocéphale accroupi; la partie inférieure de la statuette manque.
>Terre émaillée. Haut. : 95^m_m. Pièce excessivement curieuse.

18 Buste de personnage civil, coiffé d'un serre-tête et d'une longue perruque; il soutient sur sa tête, les deux bras levés, une sorte de coffret en forme de sarcophage.
>Faïence grise, mouchetée. Haut. : 85^m_m. Socle bois. Pièce très rare. V. pl. I.

19 Tête de poupée en bois, les yeux vides.
>Curieuse pièce, très bien conservée. V. pl. I.

20 Partie postérieure d'un masque de momie, le dessus orné d'une *âme* (?) en relief sur fond rouge brun.
>> Cartonnage doré. Dim.: 180×140. Pièce rare, assez bien conservée.

21 Chat accroupi; sur la base, un graffite.
>> Pierre tendre; émail brun clair (enlevé en partie). Long.: 55 m/m.

22 — Petite brebis couchée, tournant la tête à g.
>> Pierre dure; émail rouge brun. Long.: 25 m/m.

23 Petite tortue sur une base rectangulaire, la carapace simulée par un quadrillé.
>> Pierre dure. Long.: 23 m/m. Pièce curieuse et rare.

24 Epervier au repos, les ailes repliées.
>> Granit. Haut.: 40 m/m.

25 Grand scarabée; inscription hiéroglyphique en six lignes sur le plat.
>> Pierre dure. Long.: 55 m/m. Belle pièce, très bonne conservation.

26 Petite figurine funéraire à tête d'épervier et coiffée d'une longue perruque.
>> Os. Haut.: 40 m/m. *V. pl. I.*

27 Plaque de forme elliptique sur laquelle est représentée en relief une déesse ptolémaïque entièrement drapée et coiffée d'une longue perruque nattée.
>> Pâte de verre vert foncé. Haut.: 40 m/m. Jolie et rare pièce, très bonne conservation.

28 Buste à mi-corps d'un personnage civil: figure fine et expressive; légende hiéroglyphique en quatre lignes au revers; sur la poitrine, représentation de divinités.
>> Basalte vert. Haut.: 185 m/m. Socle marbre. Pièce rare. *V. pl. II.*

29 Semblable au précédent, un peu moins fin.
>> Granit. Haut.: 200 m/m. Socle marbre. Pièce rare.

30 Dix amulettes-divinités: Isis, Ra, Thoth, etc. Charmantes petites pièces, d'une haut. moy. de 27 m/m., remarquables par leur conservation et par la finesse des détails.
>> Terre émaillée et lapis. A diviser.

31 Etui à collyre, base plate et embouchure à large rebord également plat.
>> Granit. Haut.: 60 m/m. Pièce rare.

32 Un autre, forme coupe apode.
>> Granit. Diam-: 70 m/m. Rare.

33 Masque funéraire gréco-égyptien : figure d'homme (peut-être un roi), les cheveux et la barbe peints en noir. Sur le dessus, cartouche, peint en rouge, représentant une déesse assise et coiffée de l'uraeus.
Terre cuite. Haut. : 230^m⁄_m. Belle pièce, tr. en Egypte. *V. pl. II*.

34 Autre : figure d'homme imberbe, les cheveux courts, peints en noir ; yeux en pâte de verre.
Peinture blanche. Haut. : 225^m⁄_m. Très jolie pièce, tr. en Egypte.

35 Autre : tête de femme, la chevelure ondulée et peinte en noir ; yeux en pâte de verre, figure colorée en rouge ; traces de dorure sur une boucle d'oreille.
Jolie pièce, tr. en Egypte. Haut. : 210^m⁄_m.

BRONZES

36 OSIRIS, mummiforme, coiffé de l'atew surmonté du disque solaire : il tient le pedum et le flagellum.
Patine verte. Socle marbre. Haut. : 175^m⁄_m.

37 Même pièce. Patine brune. Socle bois, haut. 135^m⁄_m.

38 RA (ou PHRÉ), dans l'attitude de la marche ; il porte la perruque et la shenti. Les bras manquent.
Patine verte. Socle marbre. Haut. : 105^m⁄_m.

39 PTAH, mummiforme, coiffé d'un serre-tête et tenant dans ses mains le sceptre dit « à tête de coucoupha. »
Patine brune. Socle bois. Haut. : 130^m⁄_m.

40 SEKHET (peut-être sous sa forme particulière *Menh-it*), portant une longue perruque que surmontent l'uraeus, le disque solaire entre les deux cornes, les deux plumes de la Lumière et de la Vérité, et une fleur de lotus. La partie inf^{re} du corps manque.
Pièce remarquable par la finesse de l'exécution. Patine brune. Socle buis Haut. : 110^m⁄_m. *V. pl. I*.

41 IMHOTEP, vêtu d'une longue robe, coiffé d'un serre-tête, assis, et tenant sur ses genoux un rouleau de papyrus déployé.
Patine verte. Socle marbre. Haut. : 100^m⁄_m.

42 NEITH, dans l'attitude de la marche coiffée de la couronne rouge ou du Nord) avec l'uraeus ; elle est vêtue d'une longue tunique et parée d'un quadruple collier à pendentifs.
Charmante petite pièce sur socle marbre. Haut. : 135^m⁄_m. *V. pl. I*.

43 Egide, surmontée de la tête de la déesse Sékhet, coiffée du disque à l'uraeus, et de la tête d'Osiris, à la barbe tressée et coiffée des plumes d'autruche. Sur la partie inférieure de l'égide sont gravées la figure de la déesse Sékhet — tenant la croix ansée et une colonnette — et celle du poisson symbolique.

    Pièce remarquable par la grande finesse des détails et son exceptionnelle conservation. Haut. : 100$^m/_m$. *V. pl. I.*

44 HORUS, assis, portant l'index droit à la bouche, coiffé d'un serre-tête orné de l'uraeus et la tresse à l'oreille droite ; collier gravé sur la poitrine, hiéroglyphes à la base.

    Patine verte. Socle marbre. Haut. : 140$^m/_m$. Pièce très intéressante. *V. pl. I.*

45 NEHEM-AOU, *dame d'Hermopolis*, divinité hathorienne ; elle est coiffée du klaft à l'uraeus et d'une longue perruque, surmontés du *naos*, ou temple. La partie inférieure du corps manque.

    Exécution d'une grande finesse. Patine verte. Socle bois. Haut. : 110$^m/_m$. *V. pl. I.*

46 OSIRIS, coiffé de l'atew orné de deux plumes ; il tient le pedum et le flagellum. La partie inf^{re} du corps manque, ainsi que le haut des plumes.

    Belle patine verte. Pièce de très fine exécution. Haut. : 110$^m/_m$. Socle bois.

47 HORUS assis sur une tête grotesque couronnée de fleurs et affectant une forme phallique.

    Patine verte. Remarquable petite pièce, très bien conservée, de travail alexandrin. Haut. : 52$^m/_m$. *V. pl. I.*

48 Personnage agenouillé (esclave ?), maintenant des deux mains, sur la tête, un plateau de fruits.

    Patine verte. Socle marbre. Haut. : 75$^m/_m$.

49 HORUS, coiffé du pschent. Figurine de travail rudimentaire.

    Patine verte. Socle marbre. Haut. : 65$^m/_m$.

50 Cynocéphale assis, portant les mains à sa bouche.

    Socle marbre. Haut. : 40$^m/_m$.

ANTIQUITÉS GRECQUES ET ROMAINES
TERRES CUITES

51 Aryballe corinthien : cerf paissant ; rosaces.

    Peinture brune ; détails incisés. Haut. 65 $^m/_m$.

52 Alabaster corinthien : deux lions affrontés ; semis de rosaces.
>Peinture brune ; détails incisés. Haut. : 95 m/m.

53 Autre : deux griffons affrontés ; entre eux, un lièvre.
>Peinture rouge et brune ; détails incisés. Haut. : 85 m/m.

54 Grand alabaster corinthien : deux grandes palmes et deux fleurs de lotus disposées en croix ; dans les cantons, points, rosaces à pétales et feuilles.
>Peinture brune sur fond jaunâtre ; détails incisés. Haut. : 225 m/m.

55 Vase géométrique à pied court ; deux anses surélevées cercles, zigs-zags et pointillés.
>Peinture rouge sur fond jaunâtre. Haut. : 130 m/m. Béotie.

56 Aryballe à anse plate et large, la panse entièrement incisée en quadrillé.
>Email vert clair ; bordure de points peints en brun. Haut. : 65 m/m. Jolie et rare petite pièce, de très bonne conservation, tr. à Thèbes. V. pl. III.

57 Vase forme œnochoé ; sur la panse, une lionne ; rosaces et languettes.
>Peinture noir lustré sur fond rougeâtre. Haut. : 200 m/m. Thèbes.

58 Grand aryballe ; sur la panse, zone circulaire décorée d'une procession de guerriers portant un large bouclier et une lance. Grecque, pointillé, languettes et cercles. (Goulot endommagé).
>Peinture rouge sur fond jaunâtre. Haut. : 140 m/m. Corinthe.

59 Aryballe à goulot très étroit ; panse cannelée, ornée à sa partie supérieure d'une guirlande de lierre incisée.
>Terre rougeâtre. Haut. : 110 m/m. Forme élégante.

60 Petite coupe apode, hémisphérique, ornée extérieurement de moulures en relief représentant des bucranes, masques scéniques, branches chargées de feuilles et de fruits.
>Terre rouge, couverte noire. Diam. 85, prof. 55 m/m.

61 *Pyxis* ; sur le couvercle, deux figures de femme et deux griffons alternant ; oves sur le pourtour, couronne de feuilles sur le rebord de la boîte ; deux boutons près des anses.
>Peinture rouge sur fond noir lustré. Diam. int. 160 m/m.

62 Vase forme lécythe : Victoire (?) entre deux personnages deb., l'un à barbe et cheveux blancs.
>Figures noires, rehaussées de blanc, sur fond jaune. Haut. : 150 m/m. (Restaurée).

63 Coupe à deux anses; médaillon intérieur : personnage drapé. A l'extérieur, sujet répété sur les deux côtés : deux personnages conduisant un quadrige au pas; devant, un joueur de lyre.
   Figures noires sur fond orange; détails incisés. Exécution sommaire. Diam. : 165 m/m.

64 Coupe à deux anses; médaillon intérieur : animal fantastique. A l'extér., sujet répété quatre fois : guerrier deb., tenant en main son cheval, devant un autre guerrier, assis.
   Figures rouge brun sur fond orange; détails incisés. Exécution très sommaire. Diam. : 195 m/m. (Recollée).

65 Grande coupe à deux anses ornées de boutons en saillie; intérieur vernis noir décoloré. A l'ext., quatre Pégases volant, affrontés deux à deux; dans le champ, oiseaux, rosaces, pointillés.
   Figures peintes en brun et noir sur fond jaune clair; détails incisés, Diam. : 300 m/m. (Restaurée). Tr. à Corinthe.

66 Grande amphore : deux têtes de femmes de profil, alternant avec deux grandes palmettes placées sous les anses; couronne de feuilles autour de l'orifice; palmettes et languettes au col.
   Figures peintes en rouge et rehaussées de blanc sur fond noir; peinture blanche sur fond noir à l'orifice, noire sur fond rouge au col. Haut. : 400 m/m. (Légère restauration au pied). Tr. en Italie.

67 Lécythe attique de style archaïque : Europe sur le taureau, entre un Satyre et une Ménade dansant, dans un décor de pampres. Feuilles et languettes sur le haut de la panse.
   Peinture noire sur fond rouge; détails incisés. Haut. : 240 m/m. (Recollé). Intéressante pièce. Tr. à Delphes.

68 Pyxis attique : Cinq guerriers casqués, portant une lance et un grand bouclier rond, alternant avec cinq personnages drapés et un sixième, ailé. Même sujet sur le couvercle.
   Peinture rouge sur fond noir brillant. Haut. : 100 m/m. V. pl. III.

69 Lécythe d'Apulie : femme deb., se drapant devant un miroir qu'elle tient de la main g., entre deux amours qui lui présentent des corbeilles remplies de fruits. Palmettes au col, oves à la base, une grande palmette sous l'anse.
   Peinture noire sur fond rougeâtre; détails incisés (Recollé). Haut. 155 m/m. Tr. à Corinthe. V. pl. III.

70 Lécythe d'Apulie : femme assise, tournée vers la dr.; ses cheveux noirs sont noués en un gros chignon derrière la tête; elle ramène son manteau sur l'épaule dr. et tient sur le bras g. allongé une corbeille de fruits. Devant elle

s'avance une femme, les cheveux noirs pendants, vêtue d'un manteau serré à la taille, et tenant des deux mains un ruban. Au revers, sous l'anse, grande palmette et rinceaux ; décor d'oves au haut et au bas de la panse.

<blockquote>Peinture marron clair, rehaussée de blanc, sur fond noir brillant ; détails peints en noir et en blanc. Haut. : 210^m_m. (Recollage insignifiant de l'embouchure). Très jolie pièce. V. pl. III.</blockquote>

71 Grand lécythe : Ephèbe, entièrement nu, assis tourné vers la g. ; il tient de la main dr. un plateau, et, de la g., un long bâton. Devant lui, une femme drapée, le cou et les cheveux ornés de perles, lui offre, de la main g. un éventail, et, de la dr., une couronne à rubans. Au revers, sous l'anse, grande double palmette et rinceaux. Languettes et oves au col, frise à la base de la panse.

<blockquote>Peinture rouge rehaussée de blanc, sur fond noir brillant. Haut. : 245^m_m. Grande Grèce. Magnifique pièce, d'une conservation parfaite. V. pl. III.</blockquote>

72 Canthare, de fabrication italo-grecque : *a*) Femme assise à g., le chiton serré à la taille ; elle porte un collier, des boucles d'oreille un bracelet au bras dr. ; sa chevelure est ornée de perles. De la main g. elle tient un miroir ; sur l'avant-bras, une draperie. Le bras dr. soutient un coffret. Un éventail est posé sur ses genoux. — *b*) Génie ailé, entièrement nu, assis à g. Les cheveux, le cou, le torse et la cuisse g. sont entourés de perles ; bracelets aux bras et pendant d'oreille ; le bas de la jambe g. est entouré d'une armille à quatre rangs. De la main dr. il soutient un pyxis décoré d'une grecque ; la main g. pendante, tient une feuille de lierre. Bordure d'oves au haut et au bas de la panse. Les anses se terminent au bord supérieur par un petit masque de femme.

<blockquote>Peinture rouge rehaussée de blanc et de jaune sur fond noir lustré. Haut. : 220^m_m. Très jolie pièce, conservation parfaite. V. pl. III.</blockquote>

73 Grande amphore d'ancien style : *a*) Bacchus, barbu, deb. devant une Ménade ; le dieu, tenant le canthare, regarde un satyre ithyphallique qui danse derrière lui. Dans le champ, palmettes et pampres. — *b*) Hercule étouffant le lion de Némée. A dr., Athéna tenant une lance et un bouclier dont l'épisème est un protome de lion. A g., un guerrier tenant un arc et portant un carquois et une épée. — Palmettes au col ; grecque et languettes vers la base. Anses à nervures.

<blockquote>Figures noires rehaussées de blanc et de pourpre sur fond rouge ; détails incisés. Haut. : 420^m_m. (Recollages insignifiants). Très bonne conservation. Erythrée.</blockquote>

74 Petit lécythe attique à fond blanc : femme près d'une stèle funéraire.
>Dessin peint en rouge. Haut. : 165^m_m.

75 Lécythe attique à fond blanc : scène d'offrandes funéraires ; près d'une stèle ornée de bandelettes rouges et noires, un homme et une femme deb., drapés de rouge ; au-dessus, une grecque.
>Belle conservation. Haut. : 260^m_m.

76 Grand lécythe attique à fond blanc : scène de funérailles, dessins en partie effacés. Le haut de la panse est décoré de palmettes et d'une grecque en bordure.
>Pièce intacte, remarquable par sa dimension. Haut. : 420^m_m.

77 Petit aryballe athénien : femme assise à g., se tournant vers un amour qui s'enfuit à dr., en lui jetant des fruits ; grande palmette et rinceaux sous l'anse ; oves et languettes au col. (Goulot recollé.)
>Figures rehaussées de blanc sur fond brun. Haut. : 100^m_m.
>V. pl. III.

78 Petit lécythe : trois doubles palmettes.
>Dessins d'exécution sommaire, vernis noir sur fond rouge. Haut. : 160^m_m.

79 Autre : personnage sur un lit de repos, entre deux personnages assis.
>Dessins d'exécution sommaire, vernis noir sur fond rouge. Haut. : 160^m_m.

80 Lécythe athénien : quatre guerriers casqués, marchant à dr., et tenant chacun un cheval par la bride. (Goulot recollé.)
>Figures noires sur fond orange, rehauts de blanc ; détails gravés ; exécution sommaire. Haut. : 170^m_m.

81 Fragment inférieur d'un rhyton : tête de bélier.
>Terre rouge, détails vernis noir rehaussés de blanc. Beau travail.

82 Vase en forme de tête de femme jeune, cheveux ondés, surmontée d'un goulot et munie d'une anse.
>Terre rougeâtre. Haut. : 150^m_m. Travail syrien.

83 Cavalier et cheval de style primitif. — 2 pièces.
>Terre rouge à bariolages noirs. Long. : 100^m_m. Tr. à Corinthe

84 Sphinx femelle, assis à dr., les ailes redressées et arrondies.
>Ancien style. Haut. : 115^m_m.

85 Figurine creuse représentant un porc deb. sur une base.
>Terre jaune. Haut. : 125%.

86 Bélier au repos ; figurine pleine sur une base plate.
>Terre blanche, traces de peinture rouge. Long. : 160%.

87 Aphrodite, vêtue du peplos, coiffure haute, et tenant la pomme. — 2 pièces.
>Figurines pleines à revers plat ; coloration usuelle. Haut. : 140%. et 110%.

88 Aphrodite drapée, tenant de la main dr. une fleur de lotus ; coiffure haute ; figure bien modelée.
>Figurine massive, à revers plat. Ancien style. Haut. : 210%. Jolie pièce.

89 Poupée articulée ; coiffure asiatique.
>Terre jaune. Haut. : 125%. Curieuse et rare pièce très bien conservée, tr. à Corinthe.

90 Déesse drapée, assise sur un trône accosté de deux lions.
>Socle creux. Croûte terreuse. Haut. : 110%.

91 Adolescent, entièrement drapé, le bras dr. sous la draperie ; la main g. soutient les plis du manteau sous le menton ; coiffure ronde et plate. — 2 p. variées.
>Terre grise. Haut. : 125%.

92 Berger coiffé du bonnet phrygien ; Il joue de la flûte de Pan et s'appuie sur un cippe.
>Terre grise. Haut. : 200%.

93 Jeune enfant vêtu d'une chlamyde et coiffé d'un bonnet pointu, monté sur un cheval sellé qui marche au pas à dr.
>Terre rougeâtre. Haut. : 85%.

94 Berger assis sur un rocher, les jambes croisées ; il est coiffé d'un bonnet phrygien et joue de la flûte de Pan.
>Terre rougeâtre, croûte grise. Haut. 125%.

95 Femme drapée, assise sur un rocher, les jambes croisées, la main dr. portée à la bouche ; coiffure conique.
>Terre grise. Haut.: 115%.

96 — Jeune enfant assis sur un rocher, le manteau couvrant seulement le bras g. ; coiffure ronde et plate.
>Terre grise. Haut. : 100%.

97 Aphrodite voilée, vêtue d'une tunique à manches courtes, la main dr. posée au sein ; coiffure asiatique.
>Socle creux. Traces de peinture blanche. Haut. : 240%.

98 Déesse debout, les bras le long du corps ; tunique courte ; coiffure asiatique.
Socle creux. Peinture blanche. Haut. : 235^m_m.

99 Aphrodite, coiffée d'un haut diadème ; tunique à manches courtes ; la main dr. est posée au sein ; cheveux frisés et colorés en rouge.
Socle creux. Peinture blanche. Haut. : 330^m_m. Très jolie pièce.

100 Jeune femme drapée, coiffée du chapeau à pointe ; la main dr., à découvert, retient les plis du manteau.
Terre rouge ; croûte terreuse. Haut. : 125^m_m.

101 Enfant demi-nu, relevant des deux mains sa chlamyde.
Terre rouge. Haut. : 100^m_m.

102 Jeune fille, voilée et drapée, dans l'attitude de la marche.
Terre rouge. Haut. : 110^m_m.

103 Jeune fille, dans l'attitude de la marche, retenant les plis de son manteau de la main dr., et portant, de la g., une grappe de raisin ; coiffure à tresses.
Base plate. Terre rouge. Haut. : 140^m_m.

104 Enfant deb., drapé, tenant de la main dr. un tambourin (?) et soutenant de la g. les plis de son manteau.
Socle creux. Terre rouge, traces de blanc. Haut. : 125^m_m.

105 Jeune enfant assis sur un rocher ; un léger manteau lui recouvre seulement le bras g. La main dr., appuyée au genou, tient une fronde.
Terre rouge. Base plate. Haut. : 140^m_m. Egine.

106 Femme deb. ; tunique à manches courtes, laissant à découvert les bras et la jambe dr. Traces de peinture rouge sur les cheveux.
Socle haut et creux (tête recollée). Haut. : 350^m_m.

107 Apollon, demi-nu, un long manteau sur les épaules ; il tient un coq dans le bras g. replié.
Socle creux. Peinture blanche. Haut. : 350^m_m.

108 Vénus anadyomène ; le bras dr. est écarté et soutient la draperie qui s'arrondit en nimbe au-dessus de la tête.
Socle rond et creux. Peinture blanche. Haut. : 165^m_m. Tanagra.

109 Déesse deb., vêtue d'un chiton et d'un léger manteau ; le bras dr. soutient le vêtement, le bras g., appuyé sur la hanche, retient les plis de la draperie qui dessine les

formes du corps. Les cheveux en bandeaux sont noués en krobyle sur le front.
>Base plate. Traces de peinture blanche et bleue, Haut. : 270$^{m}_{m}$.
Trouv. en Sicile. V. pl. III.

110 Silène accroupi, tenant une outre; anse annulaire
>Terre rouge; vernis noir brillant. Très belle conservation. Haut. : 95$^{m}_{m}$. Italie. V. pl. I.

111 Figurine représentant vraisemblablement une femme morte. Elle est nue et les bras tombent le long du corps.
>Terre jaune. Haut. : 395$^{m}_{m}$. Curieuse pièce. Thèbes.

112 Buste de Minerve, casquée et drapée, sur une base circulaire.
>Terre jaune. Haut. : 145$^{m}_{m}$.

113 Fragment d'un groupe : tête d'adolescent avec un bras autour du cou.
>Terre jaune. Haut. : 100$^{m}_{m}$.

114 Trois fragments de figurines : torse et jambes de beau style.

115 Applique estampée : buste de femme drapée; diadème orné de fleurons.
>Terre rougeâtre; traces de blanc. Haut. : 130$^{m}_{m}$. Bon style.

116 Autre applique : une femme voilée, les cheveux ondulés.
>Terre rouge; traces de blanc. Trous de suspension. Haut. : 110$^{m}_{m}$. Bon style. Béotie.

117 Deux autres appliques : têtes de femme, l'une de style archaïque. Haut. : 80$^{m}_{m}$.

118 Masque tragique, la bouche ajourée, les cheveux hérissés et peints en rouge.
>Traces de blanc. Deux trous de suspension. Haut. : 140 $^{m}_{m}$. V. pl. III.

119 Masque de Fleuve (le Nil?); diadème fleuronné.
>Terre rougeâtre. Haut. : 170$^{m}_{m}$.

120 Masque de femme, bouche ajourée, chevelure relevée et ceinte de bandelettes à bouton central.
>Traces de blanc; trous de suspension. Haut. : 95$^{m}_{m}$.

121 **Masque plat (Méduse).**
>Terre jaune ; couverte noire; trou de suspension. Haut. : 120$^{m}_{m}$.

122 Deux mascarons, tête de Méduse; la bouche ouverte laisse voir quatre dents de fauve, la langue pendante; cheveux frisés.
> Ancien style. Terre rouge. Diam. : 60$^m/_m$.

123 Plaque estampée : partie supérieure d'une tête de lion.
> Terre jaune; vernis noir. Haut. : 70$^m/_m$.

124 Tête phénicienne archaïque : physionomie expressive : inscription en creux.
> Enduit brun clair. Haut. : 75$^m/_m$. Très intéressante pièce, tr. près de Sidon.

125 Tête de déesse, les cheveux ceints d'un bandeau; elle est parée d'amphotides frangées et d'un collier de perles.
> Terre grise; style archaïque. Haut. : 130$^m/_m$. V. pl. II.

126 Petite tête de Minerve casquée.
> Terre jaune. Socle bois. Haut. : 65$^m/_m$.

127 Petite tête de femme, figure souriante, couronnée de lierre et parée de boucles d'oreille.
> Terre jaune. Socle bois. Haut. : 55$^m/_m$.

128 Jolie petite tête de femme, chignon bas, diadémée et parée de boucles d'oreille.
> Traces de blanc. Socle bois. Haut. : 50$^m/_m$.

129 Tête de Diane, les cheveux ceints de bandelettes à bouton central et noués sur le sommet.
> Terre jaune. Socle bois. Haut. : 75$^m/_m$. Beau style. V. pl. III.

130 Tête de jeune fille, coiffure côtelée, parée de boucles d'oreille.
> Traces de blanc. Socle bois. Haut. : 60$^m/_m$.

131 Pied votif, de grandeur naturelle; il est posé sur une semelle de cothurne dont les lacets sont figurés peints en noir (en partie effacés).
> Traces de peinture rouge. Long. : 270$^m/_m$. Très belle pièce tr. à Corinthe.

132 Un cachet circulaire présentant quatre poissons en relief; poignée annulaire.
> Terre grise. Diam. : 80$^m/_m$.

OS. — MARBRE

133 Buste de Jupiter, drapé, les cheveux longs, la barbe épaisse. Figure d'applique en haut-relief.
    Os ; coloration verte partielle. Travail grec. Jolie pièce de très bonne conservation. V. pl. III.

134 Cybèle tourelée et drapée, assise sur un trône accosté de deux lions.
    Marbre de Paros. Haut. : 200^m_m. Jolie petite pièce, assez rare dans cette dimension. Tr. à Athènes. V. Pl. II.

135 Tête janiforme : Alphée et Aréthuse (?)
    Marbre blanc. Bon style. Haut. : 85^m_m. Socle marbre noir veiné.

136 Tête de jeune fille, les cheveux massés en chignon au bas de la nuque.
    Marbre blanc. : Haut. : 80^m_m. Socle marbre.

137 Petite tête de femme, les cheveux relevés en bandeaux, deux touffes nouées au sommet de la tête, chignon au bas de la nuque.
    Marbre de Paros. Haut. : 70^m_m. Socle marbre vert.

138 Petite boîte cylindrique en forme de ciste, munie de son couvercle. Haut. : 50^m_m. — Trois charnières de meubles.
    Os. Ensemble 4 pièces.

BRONZES

139 Hercule, deb., imberbe, coiffé de la peau du lion qui lui couvre les épaules et le dos.
    Travail phénicien. Patine verte. Haut. : 170^m_m. Socle marbre.

140 Priape ithyphallique, barbu, vêtu d'un long manteau qu'il relève par devant, et dans lequel il porte des fruits variés.
    Patine brune. Haut. : 65^m_m. Socle marbre.

141 Isis-Fortune, deb., la tête surmontée du modius ; elle s'appuie de la main dr. sur un gouvernail et tient, de la g., une corne d'abondance.
    Travail médiocre. Très jolie patine verte. Haut. : 75^m_m. Socle bois. Tr. en Syrie.

142 Minerve ; la partie supérieure du peplos, forme un plastron, recouvert de l'égide qui est ornée d'un masque de Méduse et entourée de petits serpents. Les yeux sont incrustés d'argent. Les avant-bras et la *crista* manquent.
    Ancien style. Haut. : 115^m_m. Socle marbre. Tr. à Olympie. V. pl. I.

143 Minerve, deb., le bras droit levé s'appuyait sur une haste, la main g. avancée. Elle est coiffée du casque athénien à haut cimier ; le vêtement se compose d'un chiton à plis droit et d'un manteau ; sur l'épaule g. on distingue une fibule. Les deux avant-bras manquent et le dos est légèrement endommagé.

    Patine noire. Haut. : 130^m_m. Socle marbre. V. pl. I.

144 Mars, imberbe, dans l'attitude du combat. coiffé du casque athénien à haut cimier.

    Style étrusque. Proportions démesurées. Haut. : 130^m_m. Socle marbre. V. pl. I.

145 Mercure au vol ; il est entièrement nu, coiffé du pétase ; ailes aux talons. La main dr. est levée, la g., abaissée, tient un objet indistinct.

    Pièce ciselée. Haut. : 130^m_m. Socle marbre. Tr. dans le Nord de France. V. pl. I.

146 Hercule jeune, imberbe, deb., dans l'attitude du combat ; il est coiffé de la peau du lion, dont les pattes sont nouées sous le cou, et qui retombe sur le bras g.

    Haut. : 110^m_m. Socle marbre. Tr. en Etrurie. V. pl. I.

147 Hermès priapique, imberbe. Le bas du corps est remplacé par un cippe. Bélière et crochet inférieur.

    Figure d'applique. Haut. : 85^m_m. Socle marbre.

148 Apollon deb., les cheveux tombant sur les épaules.

    Socle marbre. Haut. : 55^m_m.

149 Vénus deb., le torse nu ; peplum enroulé autour des jambes Dans chacune de ses mains levées, elle tord une mèche d. ses cheveux.

    Pièce minuscule, très bien conservée ; patine verte. Haut. : 39^m_m. Socle marbre.

150 Déesse drapée et voilée, tenant de la main dr., une patère ombiliquée et de l'autre une corne d'abondance.

    Patine verte. Haut. : 80^m_m. Socle marbre

151 Main gauche gigantesque, les trois premiers doigts écartés et recourbés vers la paume ; l'annulaire et l'auriculaire se touchent.

    Belle patine verte. Long. : 210^m_m. Tr. dans un temple d'Apollon près de la Mer Noire. V. pl. II.

152 Avant-bras et main gauches ayant appartenu à une statuette ; les doigts sont repliés vers la paume, le pouce et l'index se rejoignent.

    Patine vert foncé. Très joli style. Long. : 50^m_m. Socle.

153 Petit buste de Jupiter Sérapis, drapé, barbe épaisse, longs cheveux, la tête surmontée d'un *modius*.
>Charmante petite pièce. Travail romain. Patine vert foncé Haut. : 38%. Socle marbre.

154 Masque de Méduse, le visage de face ; sur les tempes, deux ailerons.
>Figure d'applique en haut-relief sur un disque circulaire. Beau travail. Patine verte. Diam. : 40%. Socle marbre.

155 Buste de bacchante émergeant d'un fleuron ; elle est couronnée de lierre.
>Base carrée. Patine verte. Haut. : 80%.

156 Masque tragique, imberbe, la bouche entr'ouverte avec une double rangée de cheveux qui encadrent le visage.
>Figure d'applique. Patine verte. Haut. : 50%. Socle bois.

157 Masque de Silène ; il a une longue barbe et des oreilles de cheval ; il est presque chauve et la bouche est largement ouverte.
>Style gréco-romain. Patine verte. Haut. : 60%. Socle marbre. Jolie pièce. V. pl. I.

158 Buste de jeune bacchant, cheveux bouclés, figure souriante, draperie nouée sur l'épaule.
>Figure d'applique. Travail romain. Patine vert foncé. Haut- 95%. Socle chêne.

159 Petite tête d'Apollon.
>Patine brune. Haut. 30%. Socle marbre noir.

160 Pied de ciste : sphinx femelle, les ailes éployées, sur une griffe de lion.
>Patine verte. Haut. 80%, Joli travail.

161 Jolie petite tête de femme, chevelure relevée en bandeaux et ornée de bandelettes ; chignon au-dessus de la nuque.
>Tr. en Syrie. Haut. 55%. Socle marbre jaune. V. pl. I.

162 Taureau votif, dans l'attitude de la marche, la queue se repliant sur la cuisse g.
>Travail archaïque des ex-votos consacrés aux Cabires. Patine verte. Long. 115%. Tr. en Arcadie. Pièce rare.

163 Protome d'Antilope, d'un très beau modelé. (Un pied manque).
>Belle patine verte. Détails finement gravés, Haut. 85%. Socle marbre noir.

164 Petit taureau marchant vers la g., la jambe dr. levée. La partie antérieure de la jambe manque.
>Très beau style. Haut. 60^m_m. Socle marbre jaune. *V. pl. I.*

165 Lièvre, très jolie petite pièce:
>Patine vert foncé. Long. 50^m_m. Socle marbre.

166 Porc; patine brune.
>Long. 50^m_m. Socle marbre.

167 Lion couché, rugissant.
>Patine verte. Long. 90^m_m. Socle marbre.

168 Vase piriforme, à une anse dont l'attache est en forme de feuille.
>Style étrusque. Patine verte. Haut. 205^m_m.

169 Une paire d'anses à nervures, terminées par des crochets ornés. Long. 200 ^m_m.

VERRES

170 Ampoule à deux anses, pâte verte, panse cotelée. Irisation. Haut. 110^m_m.

171 Flacon forme amphorisque, panse cannelée en torsade. Irisation granitée. Haut. 280^m_m. (Les anses manquent).

172 Balsamaire cylindrique, pâte bleue opaque; décor de chevrons et de cercles bleu-clair et jaune; deux petits oreillons simulent les anses. Haut. 100 ^m_m.

173 Petite œnochoé à bouche trilobée, pâte bleue opaque; décor de denticules et de cercles vert-pâle et jaune.
>Belle conservation. Haut. 100^m_m. Tr. à Sidon. *V. pl. III.*

174 Flacon en forme de chandelier. Irisation argentée. H. 140 ^m_m.

175 Deux petits flacons piriformes Jolie irisation mauve et argent Haut. 80 et 90 ^m_m.

176 Deux autres flacons, même forme. Jolie irisation. Haut. 90 et 110 ^m_m.

177 Un bol et deux flacons incomplets. Irisation mauve et argentée. — 3 pièces.

178 Flacon forme chandelier. Belle irisation multicolore. H. 170 ^m_m.

179 Petit vase à col évasé et panse pomiforme. Jolie irisation. Haut. 115 ^m_m.

180 Flacons jumeaux à deux anses. Irisation multicolore. Haut. 110 ㎜.

181 Petit vase, long col évasé, panse pomiforme. Jolie irisation verte. Haut. 85 ㎜.

182 Gobelet arabe, belle irisation multicolore. Haut. 100 ㎜.

183 Une grosse perle égypto-phénicienne; pâte de verre bleue opaque, à saillies colorées en blanc, en jaune et en bleu lapis cerclé de blanc. Très jolie pièce. Haut. 35 ㎜.

184 Collier formé de cinquante perles d'ambre.

185 Collier de soixante-cinq perles de cornaline, onyx, obsidienne, etc.

186 Collier de quatre-vingt-dix perles de pierre dure et terre émaillée, de couleurs variées et dessins multicolores.

187 Collier de cent quarante perles, rondes, plates et taillées, cristal, pâte de verre de couleur.

188 Collier de cent soixante-dix petites perles, longues et rondes, terre émaillée, différentes couleurs.

189 Semblable au précédent, cent cinquante perles, un peu plus grosses.

OBJETS DIVERS

190 Cachet assyrien : personnage deb. près d'un autel. — Un autre, sassanide : cerf. — Chalcédoine, 2 pièces.

191 Cylindre assyrien : oiseaux, lions, cerfs, singes, etc., disposés symétriquement; gravure d'une grande finesse ; pièce malheureusement endommagée. Hématite. Haut. 25 ㎜.

192 Grand lot de pierres gravées, sujets différents, scarabées et pâtes de verre monétiformes. — 20 p. à diviser.

193 Petites haches, diorite, serpentine, agate, tr. en Syrie. — 5 jolies pièces, à div.

194 Bagues d'argent, le chaton gravé; tr. en Syrie. — 3 p.

195 Lot d'amulettes. têtes d'épingles, pieds de meubles, etc., provenant de Susiane. — Bronze, 60 p. environ.

196 Petit buste de femme, orné d'un collier, émergeant d'une gaîne décorée. Basalte noir. Haut. 45 ㎜. Socle bois.

197 Lot de pointes de flèches triangulaires, patine verte. — 25 p.

198 Balles de fronde portant le mot ΓΑΓΑC. Plomb. — 2 p.

199 Bagues, chaton gravé. Cuivre. — 5 p.

200 Lot d'objets divers : boîte cylindrique, pieds et mains votifs, plaque avec inscription romaine. Bronze. — 7 p.

MONNAIES GRECQUES ET ROMAINES (1)

201 **Campanie.** *Neapolis.* Tête de femme diadémée à dr. ℞. Taureau à face humaine couronné par la Victoire. Didr. B.

202 — Même type. Tête à g. AB.

203 **Lucanie.** *Métaponte.* Tête de Cérès à g. ℞. **META**. Epi et sa feuille. Didr. AB. V. pl. IV.

204 — *Sybaris.* Taureau retournant la tête. ℞. Même type en creux VM. Statère TB.

205 **Bruttium.** *Croton.* Trépied et cigogne. ℞. Trépied. Statère B.

206 **Sicile.** *Syracuse.* Tête de Cérès couronnée de roseaux et entourée de quatre dauphins. ℞. Quadrige victorieux ; à l'exergue les armes. Décadr. par Evainète. Rare pièce d'une bonne conservation, malheureusement noircie à l'avers. V. pl. IV

207 — Tête de Pallas à g. ℞ Etoile de mer entre deux dauphins. Tête de Jupiter, 3 p. Br. B. et AB.

208 — *Hiéron II.* Tête du roi. ℞. Cavalier armé d'une lance. Br. Patine verte.

209 **Macédoine.** *Philippe II.* Tête laurée. ℞. Cavalier nu, rosace sous le cheval. Tétr. B.

210 — *Alexandre-le-Grand.* Très beau tétr. (Victoire) fr. à Laodice.

211 — Tête de Diane dans un bouclier macédonien. ℞. **MAKE-ΔΟΝΩΝ ΠΡΩΤΗΣ**. Massue dans une couronne. Très jolie pièce d'un très beau style.

212 — *Aesilas* questeur. Tête d'Alexandre-le-Grand, cheveux flottants et la corne d'Ammon. ℞. Insignes de questeur. Tétr. B.

(1) Les pièces sont en argent à moins d'indication contraire.

213 **Thrace**. *Thasos*. Satyre agenouillé tenant dans ses bras une nymphe. ℞. Carré creux en quatre parties. Drachme. AB.

214 — *Lysimaque*. Sa tête cornue à dr. ℞. Pallas assise à g., monogr. Tétr.

215 **Illyrie**. *Dyrrachium*. Vache allaitant son veau. ℞. Plan des jardins d'Alcinoüs, à l'exergue épi couché. Statère. AB.

216 — *Corcyre*. Tête de Diane voilée. ℞. Pégase dans une couronne. Victoriat. AB.

217 **Béotie**. *Thèbes*. Bouclier béotien. ℞. Canthare surmonté d'une massue. Dans le champ une feuille. Demi dr. TB. *V. pl. IV*.

218 **Attique**. *Athènes*. Tête d'Athéna. Beau style archaïque. ℞. Chouette dans un carré incus. Drachme. B. 4 pièces.

219 — Tête d'Athéna. ℞. Chouette ΔΙΟΝΥΣΙ. Hélios dans un quadrige. Tétr. très beau style. *V. pl. IV*.

220 — *Egine*. Tortue de terre. ℞. Carré creux divisé en cinq parties dont trois carrées et deux triangulaires. Statère AB.

221 **Achaïe**. *Corinthe*. Tête de femme diadémée. ℞. Pégase. Demi dr. B.

222 — Tête de Pallas, derrière, une Victoire. ℞. Pégase. Statère B.

223 — Même type fr. à Argos-Amphilochium B.

224 **Paphlagonie**. *Sinope*. Tête de nymphe ℞. ΣΙΝΩ. Dr. 2 p.

225 **Mysie**. *Attale I roi de Pergame*. Sa tête laurée à dr. ℞. ΦΙΛΕΤΑΙΡΟΥ Pallas assise ; derrière, un arc. Tétr. B.

226 **Ionie**. *Priène*. Tête d'Athena ℞. ΠΡΙΗ. Chouette sur une amphore et ΑΧΙΛΛΕΙΔΗΣ. Br. Rare. AB.

227 **Syrie**. *Demetrius I, Soter*. Sa tête diadémée dans une couronne ℞. Tyché assise tenant un sceptre et une corne d'abondance. Monogr. dans le champ. Tétr. B.

228 — Un autre, moins beau.

229 — *Seleucus II*. Sa tête à dr. ℞. Apollon assis à g. Tétr.

230 — *Antiochus III le Grand*. Sa tête diadémée à dr. ℞. Apollon assis avec ses attributs ordinaires. Tétrad. Très jolie pièce de beau style. *V. pl. IV*.

231 — *Antiochus VI Dionysos.* Sa tête radiée. ℞. Les Dioscures à cheval. Tétrad. d'arg. AB.

232 — *Antiochus VIII, Epiphane.* Sa tête à dr. ℞. Jupiter nu deb., la tête surmontée d'un croissant; monogr. Tetradr. TB. *V. pl. IV.*

233 **Phénicie** *Aradus.* Abeille. ℞. Biche devant un palmier. Demi-dr. B.

234 **Egypte.** *Alexandre Aegus.* Sa tête cornue et couverte d'une peau d'éléphant. ℞. Pallas marchant; dans le champ, aigle. Tetradr. Magnifique pièce. *V. pl. IV.*

235 — *Arsinoë II.* Sa tête voilée et diadémée à dr. ℞. ΦΙΛΑΔΕΛΦΟ. Double corne d'abondance. Décadr. d'un bon style et d'une assez bonne conservation. *V. pl. IV.*

236 — Même pièce moins belle.

237 **Zeugitanie,** *Carthage.* Tête imberbe d'Hercule couverte de la peau de lion. ℞. Tête de cheval à g.; derrière, un palmier. Inscription en caractères puniques. Tétr. TB.

238 — Tête de Cérès. ℞. Tête de cheval, disque radié et lettre punique. Tétradr. Avers endommagé. Revers superbe. *V. pl. IV.*

239 *Jules César.* Sa tête à dr. ℞. L. MVSSIDIVS LONGVS. Gouvernail, globe etc. Coh. 29. Denier. AB.

240 *Marc-Antoine et Octave.* Tête nue de M. Antoine à dr. ℞. Tête nue d'Auguste à dr. Coh. 8 (30 fr.). AB.

241 *Auguste.* Sa tête nue à dr. ℞. IMP X ACT. Apollon actien deb. Coh. 143.

242 Lot de monnaies d'argent.

243 Lot de grands et moyens bronzes.

244 Lot de padouanes.

Poteries provenant des fouilles de la nécropole d'Adrumète (Tunisie, 1884).

« Le sol de Sousse en Tunisie conserve de nombreux vestiges de l'ancienne
« ville d'Adrumète, qui était bâtie à peu près sur le même emplacement. Il y
« a quelques années déjà, en reconstruisant l'église, on trouva sous ses fonda-
« tions des urnes pleines d'ossements calcinés et des stèles d'une forme très
« curieuse...
    « L'examen des ossements contenus dans les urnes a démontré que
« c'étaient des os de moutons, et légitime la devise que le curé de Sousse a
« fait graver sur la porte de son église : *Super Phœnicum holocausta sedeo*.
    « A l'autre extrémité de la ville, à un ou deux kilomètres en dehors des
« murailles, on a également découvert une vaste nécropole romaine, qui a été
« dans ces derniers temps l'objet de fouilles approfondies. Cette nécropole
« romaine ne doit pas être confondue avec la nécropole punique, dont la
« découverte est due aux officiers de notre corps d'occupation en Tunisie. »
    [PHILIPPE BERGER. *Inscriptions céramiques de la nécropole punique d'Adru-
    mète.* (Revue Archéologique, 1889).]

Nous présentons aujourd'hui, aux collectionneurs et ama-
teurs, des objets provenant de ces deux nécropoles, ainsi que
celles de *Tinah* (Sfax) et de *Thelepte* (Fériana) et recueillis sur les
lieux mêmes par M. de Chizelle qui appartenait à cette époque,
en qualité de commandant, au corps d'occupation.
    Les objets consistent en : lampes de toutes les époques ;
urnes à inscriptions en néo-punique cursif ; urnes funéraires
sans inscriptions, grandes et petites ; gargoulettes ; stèles ; lacry-
matoires ; plats, petits et grands, creux ou plats.
    Ils seront vendus en lots.

Pl. I

Mme Raymond SERRURE.

Phototypie Berthaud Paris

Pl. II

Mme Raymond SERRURE.

Phototypie Berthaud, Paris

Pl. III

Mme Raymond SERRURE.

Phototypie Berthaud Paris

Pl. IV

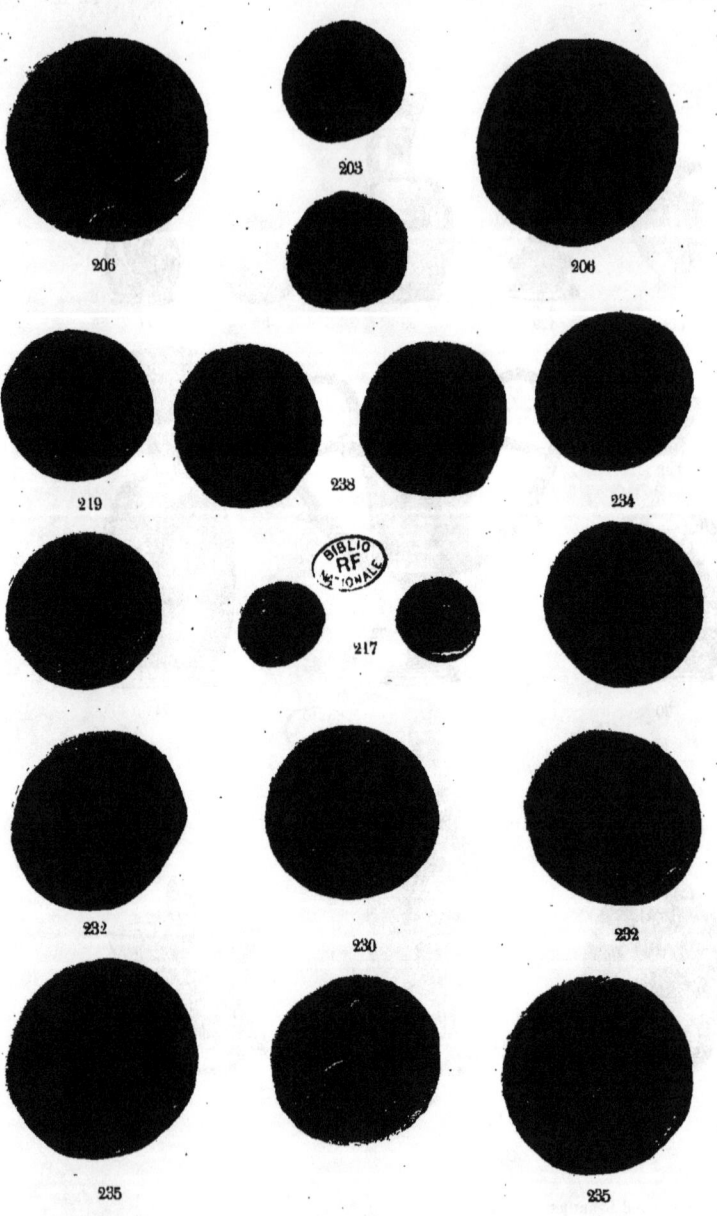

Mme Raymond SERRURE.

Phototypie Berthaud, Paris

PARIS. — Imp. C. CHAUFOUR
8-10, rue Milton

www.ingramcontent.com/pod-product-compliance
Lightning Source LLC
Chambersburg PA
CBHW060611050426
42451CB00011B/2189